Verlag J. M. Boegl, Neumarkt i. d. OPf.

Im Frühjahr 1941 hielt Liesel Gaertig den Pulverturm im Bild fest.

Neumarkt in der Oberpfalz

Zwischen zwei Birken erkennt man die Burgruine Wolfstein auf der gleichnamigen Erhebung, davor landwirtschaftlich genutzte Flächen und rechts Häuser der Ortschaft Schafhof. Die Aufnahme entstand im Sommer 1942.

Frank Präger

Neumarkt in der Oberpfalz

Die Stadt vor der Zerstörung

SUTTON HEiMAT

Die Schemmstraße (Klostergasse), vorn links ins Bild kommend bis zur Marktstraße, wo sich der Blick auf zwei der großen Rathaussaalfenster öffnet, trennte das Schlossviertel vom Kastenviertel. Das Rathaus mit dem Dachreiter und die Stadtpfarrkirche Sankt Johannes der Täufer bilden den weltlichen und geistlichen Mittelpunkt der „Perle der Oberpfalz".

Einband vorn: Neumarkts östliche Vorstadt.
Vorsatz: Stadtplan Neumarkts um 1935.
Nachsatz: Die kriegszerstörte Altstadt 1945/46.
Einband hinten: Blick in die Reichsstraße 8 (später Bundesstraße).

Impressum

Sutton Verlag GmbH
Arnstädter Straße 8
99096 Erfurt
www.suttonverlag.de

ISBN: 978-3-96303-078-9
Druck: Florjančič Tisk d.o.o. / Slowenien
Gestaltung und Herstellung: Sutton Verlag
Korrektorat: Una Giesecke

Inhalt

Neumarkt i.d.OPf. Mitte der 1930er-Jahre aus der Luft aufgenommen.

Vorwort

Mit dieser Publikation werden erstmals zwei wichtige historische Bildbestände des Stadtarchivs Neumarkt dauerhaft öffentlich zugänglich gemacht: der Sammlungsbestand der Fotografin Elisabeth „Liesel" Gaertig, der von ihrer Tochter zunächst dem Stadtmuseum Neumarkt anvertraut wurde, und die dem Stadtarchiv überlassene Bildsammlung von Karl Fuchs, der wohl nach dem Krieg Aufnahmen von Liesel Gaertig erhalten hat. Beide Sammlungen ermöglichen einen Blick in das noch nicht durch die Zerstörung am Ende des Zweiten Weltkriegs und manchen Abriss der 1960er- und 1970er-Jahre verloren gegangene Stadtbild Neumarkts der 1940er-Jahre – und das in Farbe.

Bereits vom 23. Dezember 2001 bis 27. Januar 2002 wurde die Sammlung Gaertig im Rahmen einer Ausstellung im Neumarkter Stadtmuseum erstmals der Öffentlichkeit gezeigt. Da die originalen Diastreifen bereits Farbveränderungen zeigten, wurde der Bestand digitalisiert. Einzelne Aufnahmen fanden Eingang in manchen Zeitungsartikel und in die Dokumentation „Neumarkt i.d.OPf. im Nationalsozialismus 1933–1945" von Markus Urban aus dem Jahr 2010. In dieser Vollständigkeit wurden sie jedoch noch nicht publiziert.

Was die Motivauswahl betrifft, so wurden beide Sammlungen vollständig genutzt. Es liegt nahe, dass manche Motive wie die Marktstraße, der Pulverturm oder das alte Pfalzgrafenschloss mehrfach in den Fokus der Kamera rückten. Der besondere Reiz der Sammlung besteht darin, dass auch Motive vertreten sind, die nicht zum Standardrepertoire der Fotografen gehören, manche Seitengasse, Vorstadtbezirke und die nähere Umgebung der Stadt.

Liesel Gaertig starb 1997. Nach EU-Recht wären ihre Lichtbildwerke erst 70 Jahre nach ihrem Tod gemeinfrei nutzbar, das heißt frühestens ab 2068. Daher möchte ich an dieser Stelle ihrer Tochter Marlies Dürmuth herzlich für die Erteilung der Nutzungsrechte für die vorliegende Publikation danken, nicht minder herzlich ihrer Enkeltochter, die in diesem Zusammenhang sehr behilflich war.

Ein Teil der Farbdiasammlung Liesel Gaertigs kam über das Stadtmuseum Neumarkt an das Stadtarchiv. Ein weiterer umfangreicher Teil wurde uns in der Bildsammlung von Karl Fuchs (Jg. 1930) zur Verfügung gestellt. Er war 1944/45 bei der Neumarkter Feuerwehr im Einsatz.

Ich hoffe, dass mit den Abbildungen so manche Erinnerung an Jugendzeiten verbunden wird und sich jüngeren Generationen die Möglichkeit eröffnet, sich ein farbiges Bild von unserer Stadt zu machen, wie es sie heute teilweise nicht mehr gibt.

Frank Präger

Fotografin Elisabeth „Liesel" Gaertig.

Elisabeth Münch wurde am 28. März 1914 in Neumarkt geboren. Sie heiratete standesamtlich am 28. Mai 1938 den aus Magdeburg-Buckau gebürtigen und in Düsseldorf wohnhaften Kaufmann Rolf Robert Otto Gaertig. Zu dieser Zeit wohnte sie noch im Anwesen Ingolstädter Straße 2 im ersten Stock. Bereits vor dem Beginn des Zweiten Weltkriegs arbeitete Liesel Gaertig in der Drogerie Feist an der Adolf-Hitler-Straße (Oberen Marktstraße) neben dem staatlichen Vermessungsamt (Foto auf Seite 31). Sie fotografierte gerne und hatte an ihrem Arbeitsplatz die Möglichkeit, die moderne Farbfoto- und Farbdiatechnik zu nutzen. So entstand die einmalige Farbdokumentation Neumarkts. In den Schicksalstagen der Stadt schrieb sie auch Tagebuch, vom 10. April bis zum 28. Mai 1945. Bereits am zweiten Tag ihrer Aufzeichnungen erlitt sie einen schweren persönlichen Verlust (vgl. Seite 37). 1949 wohnten Rolf und Liesel Gaertig in einem Haus an der Fohlenhofstraße 4. Dort starb in diesem Jahr am 22. Februar Liesels Schwiegermutter, die 1879 in Giebichenstein bei Halle an der Saale geborene Elisabeth Marie Gaertig geborene Lachner. Ihr Schwiegervater, der Kaufmann Otto Karl Friedrich Gaertig, war noch in Düsseldorf gestorben. Liesel Gaertigs Mann starb am 13. Januar 1971 in Moosbach, sie selbst 1997 in Neumarkt.

1

Rathaus und Johannesviertel

Im Dezember 1942 wurden vor dem Neumarkter Rathaus Buden für den Weihnachtsmarkt aufgestellt. Das Gebäude links war die frühere Lateinschule, seit 1914 Sitz der Allgemeinen Ortskrankenkasse.

‹ 1940 wurde das Rathaus für eine öffentliche Kundgebung vorbereitet, möglicherweise für eine Siegesfeier nach Beendigung des Norwegen- oder Frankreich-Feldzugs.

Im Dachgeschoss des Neumarkter Rathauses befand sich das Heimatmuseum des damals noch jungen, 1904 gegründeten Historischen Vereins. Es war 1906 in Anwesenheit des Wittelsbacher Prinzen Ludwig eröffnet worden, der als letzter bayerischer König das Ende der Monarchie erleben sollte. Die Sammlung verbrannte am 19./20. April 1945 fast vollständig.

Mit 72 Metern war der Turm der Stadtpfarrkirche Sankt Johannes der Täufer das höchste Bauwerk der Stadt. Daneben wirkte sogar der stattliche Pfarrstadel klein.

1942 befand sich der Grabstein des 1549 in Neumarkt gestorbenen Schultheißen Wolf von Mühlheim noch unter der Sonnenuhr am letzten Westpfeiler an der Südseite der Stadtpfarrkirche.

‹ 1942 waren die Dächer der Anwesen an der Hallertorstraße 18 bis 23 und auch die Straße selbst unter einer dicken Schneedecke versteckt. „Zum grünen Baum" hieß die Gastwirtschaft Daniel Riedls hinter der Straßenlaterne, „Zur Wolfsschlucht" die des Gastwirts Wilhelm Hofbeck ganz rechts vor der Heugasse.

Die Hallertorstraße hieß nach dem dort gelegenen spätmittelalterlichen „neuen Badehaus" noch Mitte des 19. Jahrhunderts Badgasse. Ein Hallertor hat es nie gegeben, nur einen Fußgängerdurchgang; so nannte sich eine dortige Gastwirtschaft später „Zum Hallertürl". In der Hallertorstraße 17 links war die Schreinerei Stefan Lang.

‹ 1942 im sommerlichen Halbschatten: die „Tuchergaststätte" mit dem Saalanbau, in dem auch das Kino „Tucherlichtspiele" beheimatet war. Der Freiherrlich von Tucherschen Brauerei in Nürnberg gehörten hier vier nebeneinander liegende Gebäude; rechts vorn: das Möbelgeschäft von Willi Herb.

An der Bräugasse folgte rechts neben der Mädchenschule die Gastwirtschaft und Brauerei „Zur Himmelsleiter", drei Häuser weiter befanden sich das Waisenhaus und die Kinderschule. Der Doppelgiebel links gehörte zu der früheren Fasshalle, die von der Stadt zu Wohnungen umgebaut worden war. Auf dieser Aufnahme von 1942 trennte noch ein breiter Grünstreifen Stadt und Kanalhafen.

‹ Die Neumarkter Mädchenschule an der Bräugasse bildete mit dem Querbau fast ein Kreuz. Hier unterrichteten die Armen Schulschwestern seit 1852. Die Aufnahme entstand 1941.

Diese Aufnahme aus dem Jahr 1941 zeigt vorn Gebäude zwischen Fischergasse und der Westseite der Dietrich-Eckart-Straße (Unteren Marktstraße). Auf der Ostseite neben dem hellblauen Treppengiebel der Bäckerei Düring befand sich der Gasthof „Zum Hechten", in dem 1868 Dietrich Eckart geboren wurde.

Der Rainbügl 1942 mit Stadtmauerhäusern auf der linken Seite und meist niedriger Bebauung auf der rechten Seite. Die Turmspitze gehörte zur Spitalkirche des Bürgerspitals.

2

Schlossviertel

Zwischen dem Geschäftshaus von Hans Romstöck und dem Rathaus mit seinem Dachreiter sieht man hier die Doppeltreppengiebelfassade des Gasthofs „Zum goldenen Lamm". Michael Ehrnsperger, Lammswirt und Bierbraumeister, heiratete am 6. Juni 1942 Lisa Regnath, eine Tochter des Mühlen- und Sägewerkbesitzers aus Kottingwörth bei Beilngries. Links neben der Hofkirche bildeten das Schlossgebäude, der Reitstadel und die Knabenschule ein geschlossenes Ensemble. Die Aufnahme entstand 1941.

Zäune trennten im Hof des Bezirksamtsgebäudes öffentliche und private Bereiche. Neben Amtsräumen waren auch Wohnungen in dem Gebäude untergebracht. 1938 wohnten hier Bezirksoberamtmann Aquilin Scheublein, Amtsgerichtsrat Hugo Blaß, Bezirksamtsoffiziant Johann Wurmthaler und Gefängniswachtmeister Alois Schmid mit ihren Familien.

Vor dem Eingang zum Treppenturm halten zwei steinerne Löwen Wache. Sie waren wahrscheinlich von Pfreimd nach Neumarkt gekommen und tragen das pfälzisch-wittelsbachische Wappenschild mit Rauten und Löwen, das auch oberhalb des Türstocks angebracht ist, und das Wappen der Grafen von Leuchtenberg. Das Foto entstand 1942.

‹ Der Turm der Hofkirche trug 1942 noch die alte Turmhaube, die 1954 entfernt und in veränderter Form wiederhergestellt wurde.

Vor dem südlichen Seitenschiff der Hofkirche blühten hochgewachsene Sonnenblumen im Pfarrgarten.

‹ Die Hofkirche bzw. Kirche Zu Unserer Lieben Frau war ursprünglich bei ihrem Bau zu Beginn des 15. Jahrhunderts als Doppelturmkirche geplant. Für den zweiten Turm an der linken Seite hatte man bereits entsprechende Fundamente gelegt. Diese Aufnahme entstand im Winter 1942.

Im Vergleich zu dem hohen Dach des Reitstadels wirken die zwei- bis dreigeschossigen Häuser des westlichen Schloss- und nordöstlichen Johannesviertels niedrig. Das Hutmachergäßchen links führt zur Glasergasse. Hier gründete Martin Hauer 1824 die erste Filzfabrik Bayerns.

Nach der Auflösung der Neumarkter Garnison 1909 diente das frühere Offizierscasino als zweites städtisches Knabenschulhaus, die beiden lang gestreckten Kasernengebäude an der Unteren Kaserngasse wurden für Wohnzwecke genutzt. Die Aufnahme aus dem Jahr 1942 zeigt rechts vorn auch die Baracke der Neumarkter Sanitätskolonne. Rechts im Hintergrund liegt der Ort Holzheim, links dahinter der Heinrichsbürg.

Zeitgleich mit dem Schloss wurde zu Beginn des 16. Jahrhunderts auch ein Zeughaus gebaut, das im 19. Jahrhundert als Reithalle der Garnison diente. Bis zur Zerstörung am 19./20. April 1945 nutzte die Stadt den umfangreichen Lagerraum. Die Aufnahme entstand im Jahr 1942.

Zwischen Schuldturm und Kasernengebäude gab es eine Verbindung in die Anlagen und den Neumarkter Stadtpark. Die Mauer mit Tor und das Gebäude links daneben, das als städtisches Gefängnis diente, existieren heute nicht mehr. Das Foto wurde im Jahr 1942 aufgenommen.

3

Kastenviertel

Blick vom Turm der Stadtpfarrkirche im Sommer 1941. In der Bildmitte ist die Ostseite der Adolf-Hitler-Straße (Oberen Marktstraße) zu sehen; links das Haus Nr. 29, in dem das Gasthaus „Zum goldenen Engel" untergebracht war, und rechts das Haus Nr. 52, in dem sich die Kreis- und Stadtsparkasse befand. Im Vordergrund blickt man über die Häuser des Kastenviertels zwischen Adolf-Hitler- und Ritter-von-Epp-Straße (Kirchengasse) (vgl. Nachsatz).

Links vom Klostertor lag der Pfarrgarten mit dem Pfarrhaus der Hofkirche. Längs der Schemmstraße (Klostergasse) folgten 1942 die Spenglerei Josef Schmidt und die Metzgereigaststätte Georg Meyers.

Das hohe Dach der Stadtpfarrkirche verdeckte die gelbe Fassade des staatlichen Vermessungsamts. Vor der Drogerie Feist – dem Arbeitsplatz von Liesel Gaertig – befand sich eine der beiden innerstädtischen Tankstellen. Rechts schlossen sich der Gasthof „Schwarzer Bär", die Metzgerei Hiereth und das Schuhgeschäft Fries an. Die Aufnahme entstand 1941.

Von der Abzweigung der Herzwirtsgasse in südlicher Richtung wurde die Schwesterhausgasse von Stadtmauerhäusern und niedrigen Wohnhäusern gesäumt.

Das markanteste Gebäude im Kastenviertel an der Schemmstraße (Klostergasse) war wohl das große Magistratsgebäude mit seiner aufwendig gestalteten Fassade. Der Innenhof zwischen den beiden großen Gebäuden diente viele Jahrzehnte lang als Übungsgelände der 1860 gegründeten Freiwilligen Feuerwehr.

Der Bauplan zeigt die reich gegliederte Fassade des Gebäudes, in dem die Stadtverwaltung ebenso Platz gefunden hatte wie die Polizei und das Arbeitsamt. Ernst Kern, Architekt aus Nürnberg und seit 1919 Neumarkts Stadtbaumeister, hatte sie 1922/23 für den Umbau und die teilweise Aufstockung entworfen.

Die dichte Bebauung in dem Areal zwischen Schemmstraße (Klostergasse; vorn), Schwesterhausgasse (links) und Herzwirtsgasse (ca. im oberen Bilddrittel) wurde durch begrünte Hinterhöfe aufgelockert. Der Ludwigshain (unten) war ein besonderer Abschnitt des die Stadt fast vollständig umrahmenden Grüngürtels.

Das Schwesterhaus links mit der Hausnummer 6 an der gleichnamigen Gasse war neben Bürgerspital und Bruderhaus die dritte Einrichtung für arme, alte und bedürftige Neumarkter. Sie bildeten zusammen ab 1893 die Vereinigte Wohltätigkeitsstiftung.

‹ Der Modlerturm an der Schwesterhausgasse 16 (alte Hausnummer 121) hieß früher auch Gentnerturm. Er wurde 1945 zerstört.

Die Ostseite der Adolf-Hitler-Straße (Oberen Marktstraße) von Nr. 27 bis 39. In der Metzgerei Hiereth (links, Nr. 27) starben bei dem Angriff vom 11. April 1945 14 Personen, u.a. drei Kinder der Familie Geitner, Seniorchefin Maria Hiereth und ihre Tochter Klara mit ihren Kindern Helga und Wolfram. Liesel Gaertig verlor hier ihre beste Freundin, in ihrem Tagebuch liebevoll Klärchen genannt.

Der Fahrradständer vor dem Anwesen Adolf-Hitler-Straße 1a (Obere Marktstraße) gehörte der Drogerie Fritz Feist, die dort eine Filiale besaß, die frühere Drogerie Enzen.

Noch ist das Verkehrsaufkommen auf der Durchgangsstraße, die ein Teil der Reichsstraße 8 (später Bundesstraße) war, überschaubar. Diese Fernstraße begann in Elten bei Emmerich am Rhein und endete in Passau. 1940 wurde sie bis Preßburg (Bratislava) verlängert.

Das Bekleidungshaus Kraus & Ambach (links neben dem Pkw), in dem früher auch das Bankhaus Oettinger beheimatet war, war 1938 von Wilhelm und Therese Wöhrl gekauft worden.

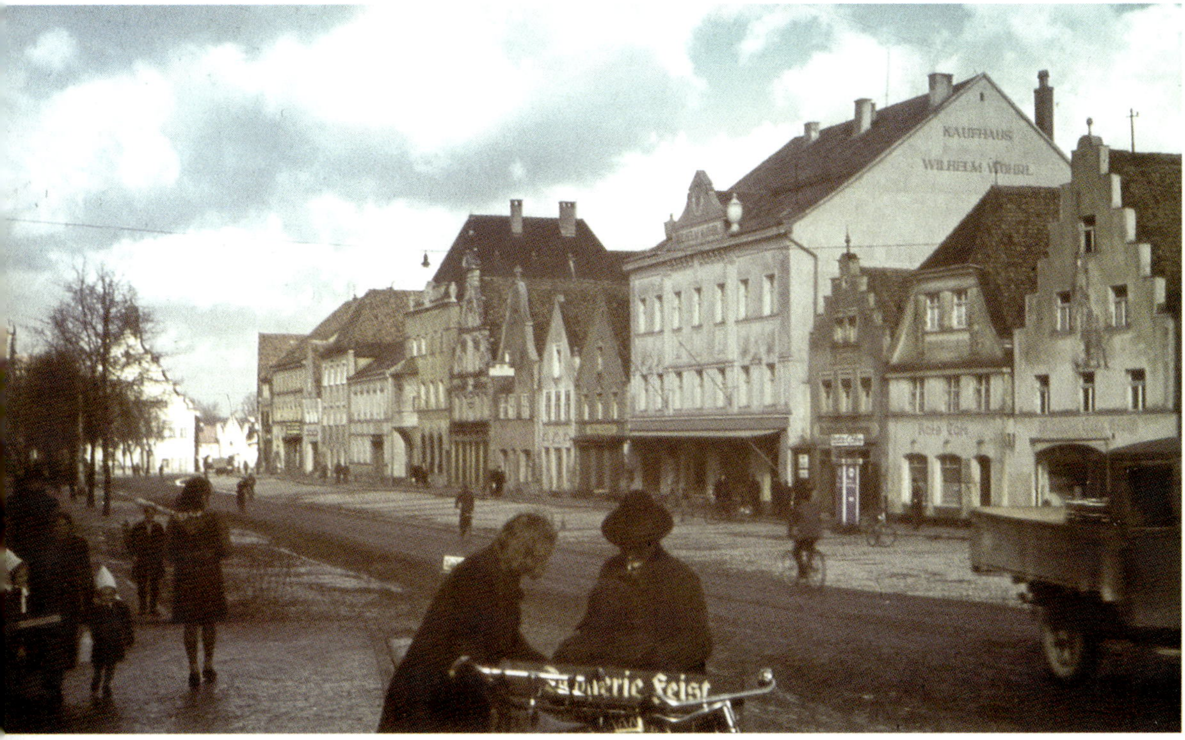
KAUFHAUS
WILHELM WÖHRL

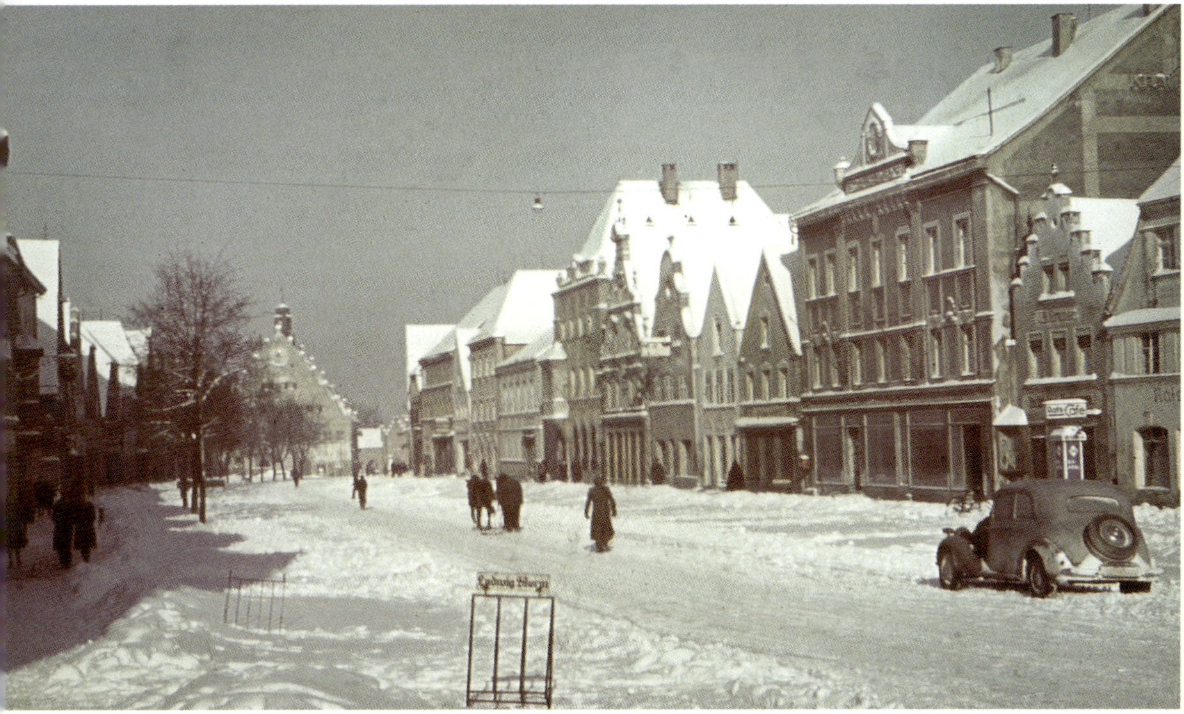

‹ Eine Besonderheit an der Marktstraße war die Einfriedung eines Platzes vor den Sparkassengebäuden. Die Mauer setzte sich stadtauswärts fort und trennte Fahrbahn und Bürgersteig vom Stadtgraben. Neben Fahrrädern waren noch häufig Pferde- oder Ochsenfuhrwerke anzutreffen.

Die Fahnen weisen auf einen Feiertag im nationalsozialistischen Festkalender hin. In dem Geschäftshaus an der Adolf-Hitler-Straße (Oberen Marktstraße) 1a, vor dem die drei Radfahrer stehen, befand sich bis 1938 das Schuhgeschäft Freudenberger von Lazarus Frank.

1931 errichtete die Bezirkssparkasse ihren Neubau an der Adolf-Hitler-Straße (Oberen Marktstraße) 52. Auf Anordnung des Innenministeriums musste sie am 1. November 1936 mit der Stadtsparkasse fusionieren. 1939 benannte man die Bezirksämter in Landkreise um, sodass das neue Kreditinstitut den Namen Kreis- und Stadtsparkasse Neumarkt erhielt.

4

Kreuzviertel

Die Häuser des östlichen Teils des Kreuzviertels in der Nachmittagssonne im Jahr 1941. Mit seinen fünf Kaminen sticht das Gebäude der Gansbrauerei neben dem Pulverturm deutlich hervor. Vom Pulverturm führten die Hirtengasse und Ritter-von-Epp-Straße (Kirchengasse) zur Hallertorstraße.

Die Bierbrautradition der Gansbrauerei reicht bis ins Jahr 1580 zurück, als der „Fürstenwirt" im Gasthaus „Zur goldenen Gans" erstmals belegbar ist. Die Brauerei wurde im 19. Jahrhundert an die Außenseite der Stadtmauer östlich des Pulverturms angebaut. Im Gegensatz zur Marktstraße waren die Häuser in der „Randlage" oft klein, wie hier an der Hirtengasse.

Aus dem Kamin der Mälzerei zog der Rauch über die Hirtengasse (oben). Neben dem Pulverturm ragte der Turm der Stadtpfarrkirche in den weiß-blauen Himmel (unten). Das Haus an der Hirtengasse 6 mit seinem kleinen Dacherker war im Besitz des Schafhändlers Gustav Rupprecht.

Vor der südlichen Stadtmauer blühten 1941 Obstbäume. Im Pulverturm lagerte schon lange kein Schießpulver mehr, sondern Waren des Kaufmanns Johann Zeininger, der ihn gepachtet hatte. Seit 1929 war ein Transformator der Stadtwerke eingebaut.

Der Viehmarkt im Jahr 1941: Das Anwesen mit der hölzernen Altane gehörte der Familie Schmidt. Der Stadtmauerdurchbruch für Fußgänger erfolgte im Juni/Juli 1926.

Im Kriegswinter 1943 waren Weihnachtsmarktbuden vor den Geschäftshäusern von Josef Achatz in der Adolf-Hitler-Straße (Obere Marktstraße) 23 und von Josef Rackl in der Hallertorstraße 1 aufgestellt.

5

Stadtbefestigung und Anlagen

Durch den neugotischen, 1859 erbauten Unteren Torturm führten die Verkehrsachsen in Richtung Nürnberg, Altdorf und Amberg. 1913 schuf die Baufirma Klebl eine zweite Durchfahrt, 1937 kamen zwei Fußgängerpassagen hinzu. Der gusseiserne Röhrenbrunnen von 1869 war einer von drei öffentlichen Brunnen auf der Marktstraße, aufgenommen im Jahr 1942.

In dem Zollhäuschen links wurde noch bis 1937 von Fuhrwerken Pflasterzoll kassiert. Im August 1933 schuf ein Neumarkter Malermeister das Fresko des fahnenschwingenden SA-Mannes nach einer Vorlage des aus Neumarkt stammenden Kunstmalers Albert Reich in München-Harlaching. Die Aufnahme entstand 1942.

Winter 1942 am Schuldturm: Die Untere Glasergasse bis zur Kaserngasse hieß früher Im Königreich. Belegen lässt sich der Name von 1855 bis 1905. Der Volksmund will wissen, dass der Name auf einen Polizeisoldaten namens König zurückgeführt werden kann, der energisch und respektheischend über sein „König-Reich" herrschte. ›

An der Stadtmauer zwischen Unterem Tor und Schuldturm waren einige Schuppen angebaut. Der Grünstreifen gehörte bereits zum Stadtpark. Die Aufnahme entstand 1942.

Winterliche Ruhe herrschte 1942 im verschneiten Stadtpark hinter dem Amtsgericht, dem früheren Pfalzgrafenschloss, mit dem Gefängnistrakt vor der Hofkirche im Hintergrund. Am 7. Januar 1925 hatte die Stadt die 10,25 Tagwerk große Fläche der Schanze vom Privatier Eugen Riedner erworben und umgestaltet. Mitte April 1928 wurde ein Muschelkalkspringbrunnen errichtet, der aber bereits fünf Jahre später einem Brunnendenkmal für Dietrich Eckart weichen musste. ›

Drei Frauen in der Kapuzinerstraße östllich von Neumarkt, aufgenommen im Jahr 1943.

Beide Aufnahmen entstanden 1942: Die Vorgärten im Stadtgraben längs der Kapuzinerstraße waren eingezäunt, die Stadtmauer war fast vollständig hinter angebauten schmalen Wohnhäusern verschwunden. Die Uniform des Radfahrers erinnert an das vierte Kriegsjahr.

Die Neptun-Figur vorn rechts stand längere Zeit im Ludwigshain im Südosten Neumarkts, so auch hier 1942. In dem großen Gebäude an der Kapuzinerstraße 6 1/3 (rechts) war das Staatliche Forstamt untergebracht. Im Juli 1944 wurde hier ein großer Feuerlöschteich angelegt.

Zwischen der Kapuzinerstraße östlich der Stadt und den Stadtmauerhäusern lagen Stadtgrabengärten, die mit Bäumen bepflanzt worden waren, aufgenommen 1942 (oben) und 1943 (unten).

‹ Die verschneiten Bäume des Ludwigshains bildeten 1942 entlang der eingezäunten Stadtgrabengärten ein Spalier für den Weg zum Oberen Tor. Das große Gebäude an der Hindenburgstraße (Bahnhofstraße) 2 gehörte der Witwe Maria Egner.

Die 1315 erstmals schriftlich belegte Neumarkter Stadtmauer – hier im Winter 1942 beim Pulverturm – war ursprünglich etwa ein Stockwerk höher und hatte innen einen Wehrgang. Der Stadtgraben vor der niedrigeren Zwingermauer wurde ab dem 19. Jahrhundert als Gartenfläche genutzt.

1942 blühten die Obstbäume im Stadtgrabengarten beim sogenannten Burgerhäusl an der Pulverturmgasse 4. Zu dem kleinen Gebäude des Gemüsehändlers Johann Burger gehörten neben einem Anbau noch Nebengebäude im Zwingerbereich und Graben.

Ursprünglich war das Burgerhäusl ein zur Stadtmauer hin offener Halbschalenturm der mittelalterlichen Stadtbefestigung. Im 19. Jahrhundert wurde die Verbindung zur Stadtmauer hergestellt und das Gebäude als Gartenhaus genutzt.

Der eckige Bürgerturm an der früheren Stadtmauer diente der Stadt als Gefängnis für Stadtbürger, die sich etwas zuschulden kommen lassen hatten. Für Fußgänger war in den 1920er-Jahren ein schmaler Durchgang in die Mauer gebrochen worden. Die Aufnahme entstand an einem Wintertag im Jahr 1943.

Am Eingang der Hallertorstraße befand sich links das sogenannte Steinerhaus, das städtische Armenhaus. Mit der Hausnummer 1 gehörte es zum Rainbügl. Kinder nutzten hier einen schneereichen Kriegswinter zum Schlittenfahren. ›

Durch den Anbau von Wohnhäusern im Zwingerbereich verschwand die Stadtmauer im Laufe des 19. Jahrhunderts weitestgehend. In Einzelfällen – wie hier am Rainbügl – bebaute man sogar den Stadtgraben. Den Grüngürtel bewahrte die Stadt hier ebenso wie an der Ringstraße.

6

Bahnhofsviertel

Ab den 1870er-Jahren entstand rund um die neu angelegte Bahnhofstraße eine gemischte Wohn- und Industriebebauung. Das Dampfsägewerk Arnold Dreichlingers und die Fahrradfabrik Expresswerke an der Holzgartenstraße prägten mit dem Sägewerk Ehmann/Mümmler und den Stadtwerken den industriellen Charakter dieses Stadtteils.

Die ehemalige königlich-bayerische Realschule am Beginn der Ingolstädter Straße wurde am 29. Oktober 1933 in Dietrich-Eckart-Realschule umbenannt (rechts). ›

Die breite Ausfallstraße führt vom Oberen Markt zur Ingolstädter und Regensburger Straße, hier im Sommer des Jahres 1943.

An der Abzweigung Weinbergerstraße/Regensburger Straße standen links das Gasthaus „Deutscher Kaiser" und rechts das Anwesen des Pferdehändlers Jakob Brandl, aufgenommen im Winter 1942. ›

‹ Die Benzintanklager der Rhenania-Ossag AG Düsseldorf (Hausnr. 1 1/9) und des Drogeriebesitzers Fritz Feist (Hausnr. 2 1/4) lagen beide an der Ingolstädter Straße, bei Ersterem befand sich auch diese Shell-Tankstelle.

Die Schneeschmelze im Frühjahr 1943 verwandelte den Eichelgarten in eine Seenlandschaft. Hinter dem Steinkreuz ist das Denkmal für die Gefallenen des Ersten Weltkriegs zu erkennen: Nach langer Planungs- und Bauzeit war das Oktogon mit der Skulptur eines sterbenden Soldaten am 14. Mai 1934 der Öffentlichkeit übergeben worden.

‹ In der Nähe der Friedhofskirche Sankt Jobst standen auf dem Neumarkter Stadtfriedhof zwischen Regensburger und Ingolstädter Straße 1942 dicht gedrängt Grabdenkmäler.

Das Wohnhaus der Amtsgerichtsratsehefrau Anna Bayerl (links) an der Ingolstädter Straße 5b ließ Privatier Georg Pfaller sen. 1908 bauen. Das Anwesen in der Ingolstädter Straße 5a (rechts) zwischen den Abzweigungen zur Lohgasse und Holzgartenstraße gehörte damals dem Privatier Georg Pfaller jun., im Aufnahmejahr 1944 war es im Besitz des Fabrikanten Georg Mümmler.

Die Baupläne für das Anwesen in der Ingolstädter Straße 5b stammen aus dem Jahr 1908. ›

Façade.

Seitenansicht.

‹ Aus dem 1889 gegründeten Gaswerk gingen 1939 die Stadtwerke in der Ingolstädter Straße 18 hervor. Die Aufnahme entstand im zweiten Betriebsjahr.

An der Hallstraße, Lohgasse und Holzgartenstraße siedelten sich Industriebetriebe an. Der Kamin rechts gehörte zur Holzfabrik Ehmann/Mümmler in der Ingolstädter Straße 5. Die Aufnahme entstand 1941.

‹ Ende der 1930er-Jahre stieg der Tagesverbrauch im Winter auf 4.000 Kubikmeter Gas. Daher wurde der ältere 400-Kubikmeter-Gaskessel im Juni 1939 abgebrochen und durch einen 2.000-Kubikmeter-Gaskessel ersetzt. Gemeinsam mit dem älteren 1.000-Kubikmeter-Gaskessel konnten nun drei Viertel des Tagesverbrauchs gespeichert werden. Das Foto wurde 1942 aufgenommen.

‹ Zwischen den Bahngleisen und der durch die Baumreihe markierten Verkehrsachse des Ludwig-Donau-Main-Kanals war das Gelände noch völlig unbebaut. Die Bebauung an der Freystädter Straße (rechts) endete auch an der Eisenbahnbrücke.

Bahnhof und Umgebung im Jahr 1942 vom 2.000-Kubikmeter-Gaskessel aus gesehen: Auf dem städtischen Industriegleis standen Güterwagen, dahinter ist das Bahnhofsgebäude zu sehen. Der Telegrafenmast wies auf das Postgebäude hin, rechts daneben hinter dem Sägewerk Hauck & Lang (früher Goldschmidt bzw. Dreichlinger) befand sich das „Bahnhofhotel".

‹ Über die Bäume im Garten der Hubertus-Villa (rechts), des Friedhofs und Eichelgartens ging der Blick 1941 zum lang gestreckten Höhenzug des Wolfsteinbergs.

‹ Die Lokomotivremise (links) und die Ladehalle (rechts) des fünfgleisigen Neumarkter Bahnhofs lagen östlich des eigentlichen Bahnhofs.

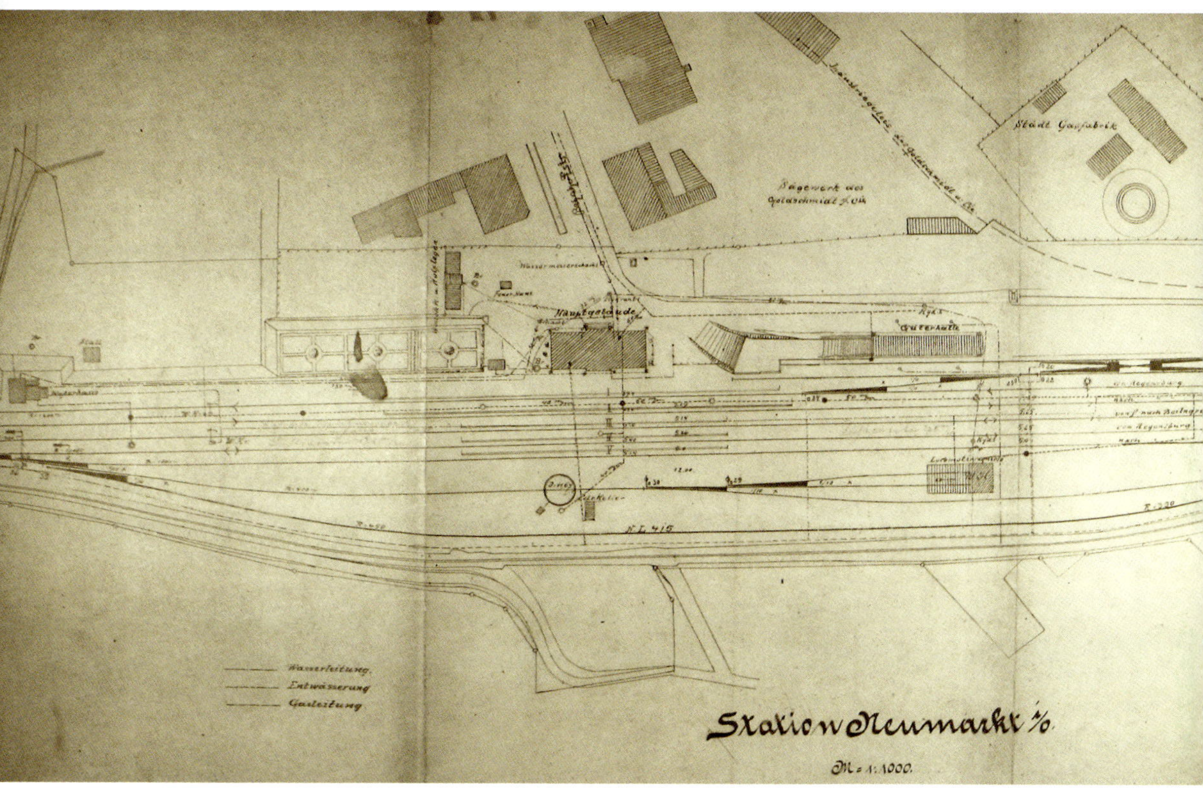

Gleisplan des Neumarkter Bahnhofs.

‹ Im winterlich verschneiten Neumarkter Bahnhof stand auf Gleis 3 ein Triebwagen der Deutschen Reichsbahn, dahinter ein Güterzug.

‹ Das „Bahnhofhotel" des Hoteliers Georg Stubenvoll ging aus dem „Gasthof Egner" hervor, es wurde ab den 1870er-Jahren mehrfach erweitert.

Während des Ersten Weltkriegs nahm der Stadtmagistrat den bevorstehenden 70. Geburtstag des Generalfeldmarschalls Paul von Hindenburg am 2. Oktober 1917 zum Anlass, Ende September die Bahnhofstraße in Hindenburgstraße umzubenennen. Erst 1945 erhielt die Straße ihre ursprüngliche Benennung zurück.

‹ Repräsentative, von jüdischen Bürgerinnen und Bürgern erbaute Gründerzeithäuser mit Vorgärten prägten das Erscheinungsbild dieser mit Alleebäumen bepflanzten Straße.

Ein Radfahrer biegt im Frühjahr 1942 von der Bahnhofstraße in die Ringstraße ab.

7

Rund um den Schlossweiher

Anstelle des großen Gebäudes westlich des Schlossweihers – hier 1942 – befand sich früher eine Schleif- bzw. Gipsmühle. Der Gastwirt der „Goldenen Gans" Friedrich Kornburger übergab sie seinem Schwiegersohn, dem Apotheker Friedrich Telser. Danach war der Privatier Eugen Riedner 36 Jahre lang der Eigentümer des von 1846 bis 1848 anstelle der Mühle neu erbauten, stattlichen zweistöckigen Wohngebäudes, zu dem auch die Schlossschanze gehörte.

‹ Die Ostseite der Stadt mit Hofkirche und Stadtpfarrkirche Sankt Johannes sowie dem Riedner-Anwesen zog häufiger Fotografen an, hier im Jahr 1941.

1942 lag der Schlossweiher verschneit in winterlicher Ruhe. Auf der Weiherstraße wurde ein Kind auf einem Schlitten in Richtung Mühlstraße gezogen. Mancher Neumarkter bedauerte die Fällung der Kastanienbäume, die hier bis Mitte Juni 1941 noch gestanden hatten. Dafür wurde die verbreiterte Weiherstraße im August 1941 geteert.

‹ Im Winter 1942 war der Schlossweiher fast völlig zugefroren, nur in der Mitte bahnte sich vom Zufluss, der den Weiher speiste, in Richtung Stadtpark ein schmaler Wasserlauf. Links neben der Baumgruppe befindet sich das Neumarkter Freibad.

Das Heim der Hitlerjugend (HJ) am Schlossweiher, hier im Sommer 1943, wurde 1938 fertiggestellt. Die Säule mit einer Figur des Reichsadlers war ein Werk des Kunsterziehungslehrers Max Fischer an der Dietrich-Eckart-Realschule, der dort am 16. Januar 1934 Andreas Drescher ablöste. Hinter der Säule sieht man ein Backsteingebäude der Bleistiftfabrik Eberhard Faber.

8

Östliche Vorstadt

Östlich von Neumarkt entstand auf dem leicht ansteigenden Terrain in Richtung Fuchsberg und Mariahilfberg eine neue Wohnbebauung, die hier zwischen Sandstraße und evangelischer Kirche mit den ehemaligen Klostergebäuden zu sehen ist. Oberhalb des Chorhauses sticht deutlich der massive Kopfbau des Turnerheims an der Mariahilfstraße hervor.

Ein Fuhrwerk passiert im Sommer 1942 das Klostertor. Jenseits des Stadtgrabens steht die evangelische Kirche, die in diesem Jahr zwei ihrer drei Glocken abgeben musste. Bei dem anschließenden dreiflügeligen Bau handelt es sich um das ehemalige Kapuzinerkloster (von 1677 bis 1803).

Eine spätsommerliche und eine winterliche Impression der Badstraße, vom Ludwigshain aus aufgenommen: Auf dem oberen Bild ist der Kamin der Humbser-Brauerei zu erkennen, des vormaligen Brauhauses Neumarkt, das 1920 aus dem Zusammenschluss von Bärenwirt, Sternwirt, Klosterwirt und Himmelsleiter entstand.

Die Nordseite der Zimmererstraße war abschnittsweise bereits dicht mit Wohngebäuden bebaut. Aber auch die Kunstmühle der Gebrüder Simon und eine Warenniederlage der Humbser-Brauerei an der Badstraße lagen an der Zimmererstraße. Letzterer gehörte der Lkw auf dem unteren Foto.

Während in der Altstadt allenfalls begrünte Hinterhöfe oder Stadtgrabenanteile bzw. Schrebergärten bewirtschaftet werden konnten, waren die Vorstadtwohnhäuser mit größeren Gartenflächen zur Eigenversorgung ausgestattet.

‹ Oberhalb des Klosters Sankt Josef steht eine der 14 Stationen des Kreuzwegs zur Wallfahrtskirche Maria Hilf. 1847 angelegt, wurde er 1931 mit Metallbildern erneuert. Am 4. Oktober 1931 erhielt der Weg durch den Franziskanerpater Emmeram aus Nürnberg seinen kirchlichen Segen.

Die landwirtschaftlich genutzten Flächen stießen bis an die Bebauungsgrenze an der Schweningerstraße (links), im Vordergrund die Obere Ziegelhütte. In der Bildmitte erstreckt sich ein längerer gerader Abschnitt der Badstraße. Rechts davon – zur Mariahilfstraße hin – reicht die Bebauung schon nahe an das frühere Mineralwildbad und spätere Kloster Sankt Josef heran.

Die Badstraße schwenkt zum Kloster Sankt Josef hin nach Nordost, die spätere Maria-Ferdinanda-Straße zweigt links vorn ab. Vorn in der Mitte, hinter Bäumen versteckt, steht das Kurhaus „Wildbad" von Gottlieb Tretter (Baujahr 1924). Von Dezember 1940 bis August 1941 waren hier 170 Hamburger Jungen im Rahmen der „Erweiterten Kinderlandverschickung" (KLV) untergebracht. Der Weinberg war 1941 noch spärlich bebaut (unten).

Das Verlegen von Stromleitungen, hier wohl südöstlich der Altstadt, war für die Jugend ein absoluter Hingucker, auch wenn die Aufmerksamkeit gerade eher der Fotografin galt. Die gleichförmige Bebauung auf der einen kontrastiert mit der abwechslungsreichen auf der anderen Straßenseite. ›

Die Vorstadtbezirke waren noch locker bebaut und über weite Strecken gab es Grünland zwischen den Häusern.

9

Neumarkts nähere Umgebung

Westlich des Wolfsteinbergs erstreckten sich die Fluren der Gemeinde Labersricht, hier im Sommer 1942 aufgenommen.

Möglicherweise bereits 1120, mit Sicherheit 1283 erstmals urkundlich erwähnt, war die Burg Wolfstein nordöstlich von Neumarkt lange Zeit im Besitz dieses bedeutenden Adelsgeschlechts. 1466 erwarb Pfalzgraf Otto II. von Mosbach-Neumarkt die Burg. Seit dem 17. Jahrhundert wurde sie nicht mehr genutzt und war bereits im 18. Jahrhundert auf den ältesten Abbildungen als Ruine dargestellt.

Schlossweiher und Badwaldsiedlung sowie Turnerheim und Kloster Sankt Josef bilden den Rahmen dieses Blicks auf die waldigen Hügel östlich von Neumarkt. Weiter rechts kommen der Mariahilfberg mit Wallfahrtskirche und das Karmelitenkloster oberhalb des Ludwighains in Sicht (unten).

Zwischen den Häusern längs des Lährer Wegs und den Häusern am Weinberg lagen noch weite landwirtschaftlich genutzte Flächen; auf dem Hang rechts neben dem dreibeinigen Mast zwischen Bäumen ist der Giebel des Gemeinschaftshauses der Sprengstoffwerke zu sehen.

Der Rokokohochaltar der Wallfahrtskirche Maria Hilf stammt aus dem Jahr 1755. Das Muttergottesbild des Altars ist noch älter. Das im Stil Lukas Cranachs gemalte Gnadenbild war ein Geschenk des Kurfürsten Max Emanuel. Die Kapuziner erhielten es über ihren Provinzial und stellten es am 7. September 1687 in der Vorgängerkapelle auf. ›

Rechts von der Klosterbrauerei Seitz oberhalb des Ludwigshains steigt weißer Rauch auf. Die Weinbergerstraße hieß früher Weinberger Verbindungsweg und führte an der Oberen Ziegelhütte vorbei zu der Siedlung Weinberg, von der im Vordergrund ein Haus zu sehen ist (unten).

Entlang der Regensburger Straße reichte die Bebauung bereits weit nach Südosten.

Das in einer Art Talkessel liegende Neumarkt ist rundherum von Höhenzügen umgeben, hier im Südosten von Mariahilfberg, Fuchsberg und ihren Ausläufern. ›

Blick über verschneite Felder zum Bergrücken des Mariahilfbergs, davor die frühere Wasenmeisterei an der äußeren Ingolstädter Straße.

Kerzengerade durchzieht der von Bäumen umsäumte Ludwig-Donau-Main-Kanal die Landschaft in südlicher Richtung. Im Hintergrund ist der massige Bergrücken des Buchbergs zu sehen. ›

Quer durch das Bild verläuft die Bahnlinie von Neumarkt in Richtung Nürnberg. Sie wird hinter der Häusergruppe vom Ludwig-Donau-Main-Kanal unterquert, der sich links zwischen dichtem Baumbestand versteckt. Ganz links hinter dem einzeln stehenden weißen Haus führt die Freystädter Straße unter der Eisenbahn hindurch, flankiert von den in größeren Abständen gepflanzten Alleebäumen.

Die Bahnlinie führt an Woffenbach vorbei. Zwischen der Ringstraße und dem Ludwig-Donau-Main-Kanal standen erste Wohnhäuser, nördlich davon war eine Kleingartenkolonie. 1939 gab es auf dem Stadtgebiet Neumarkts 1.263 Kleingärten mit 65 Hektar Fläche.

Die Holzheimer Maria-Hilf-Kapelle wurde von 1870 bis 1873 östlich des Dorfs gebaut. Diese Aufnahme entstand im Sommer 1941. ›

Gerade Fußwege durchziehen die von Bäumen umsäumte Hochfläche des Neumarkter Stadtparks; links neben der Lammsbrauerei eine Schrebergartenanlage und darüber Siedlungshäuser an der Altdorfer Straße. Die frühere Hofmühle vor der Stadtmauer gehörte dem Landwirt Josef Gerngroß.

Heuernte auf einem landwirtschaftlichen Anwesen nahe Neumarkt in einem Kriegsjahr. ›

Eine der Entwicklungsachsen Neumarkts verlief längs der Altdorfer Straße. Ein- bis Zweifamilienhäuser mit Garten bildeten die überwiegende Art der Bebauung. Direkt oberhalb des Schuldturms befindet sich der Neumarkter Milchhof. Über den Stadtpark geht der Blick nach Norden in Richtung Berg (unten).

Tief unterhalb des Wolfsteins liegt der Ort Labersricht. Hinter den Feldern verläuft die Bundesstraße 299 in Richtung Amberg. Diese Straße begann in Hundsbach bei Waldsassen und endete in Altenmarkt an der Alz. Ab 1941 rechnete man den Abschnitt Neumarkt–Mitterteich jedoch zur Reichsstraße 15, die bis Karlsbad führte.

Der Blomenhof – um 1571 erstmals auf einer Landkarte und 1583 in einem Kaufvertrag nachweisbar – wurde ab 1873 als Wirtshaus genutzt. Von 1876 bis 1932 konnten hier die Arbeiter des Tonwerks Blomenhof ihre Mahlzeiten einnehmen. Im März 1939 pachtete Michael Möges aus Berngau die Gastwirtschaft. Das Foto entstand 1941.

10

Alltag im „Dritten Reich“

Blick in die Adolf-Hitler-Straße (Obere Marktstraße) im Frühling 1942. Der Polizist begleitet einen Herrn, der auf seinem Jackett einen seit 1. September 1941 vorgeschriebenen „Judenstern“ trägt. Die Aufnahme wurde möglicherweise am 3. April oder 28. Mai gemacht (vgl. Chronik).

Im Sommer 1942 marschierte eine Gruppe der Hitlerjugend zu ihrem Heim am Schlossweiher.

Am 1. November 1937 holte sich die christliche Jugend noch das Kreuz aus der Sakristei und bahnte sich trotz des Verbots, die traditionelle Prozession von der Stadtpfarrkirche zum Friedhof über die Marktstraße abzuhalten, gegen den Widerstand der Polizei genau dort ihren Weg. 1942 (oben) und 1943 (unten) fügte man sich aber den Anweisungen und zog durch die Anlagen entlang der Stadtmauer. ›

‹ 1943 verlief die Prozession längs der Stadtmauerhäuser und durch die Grünanlagen an der Stadtmauer. Der Gang über die Marktstraße war nicht mehr möglich.

Höhenberg im Tal nannte man eine mitten in den Wald gebaute Neubausiedlung für Arbeiter Neumarkter Industriebetriebe und Evakuierte aus bombengefährdeten Städten wie beispielsweise Hamburg. Viktor Lentz, Direktor der Expresswerke, konnte im April 1944 in Anwesenheit von Gauleiter Wächtler 20 Haustürschlüssel feierlich überreichen. Der Kameramann Nickel aus Nürnberg hielt das Ereignis in einem – heute nicht mehr erhaltenen – Film fest.

Frauen ersetzten die an die Front oder in besetzte Länder einberufenen Männer, wie hier beim Personal der Deutschen Reichsbahn. Die Splitterschutzmauer sollte Reisende im Falle eines Angriffs schützen.

Polnische Zwangsarbeiter und Zwangsarbeiterinnen einer Neumarkter Holzfirma 1940; ihr Weg führte ab 1942 über das sogenannte Durchgangslager, das bis 1945 etwa 128.000 Ausländer im nordbayerischen Raum verteilte.

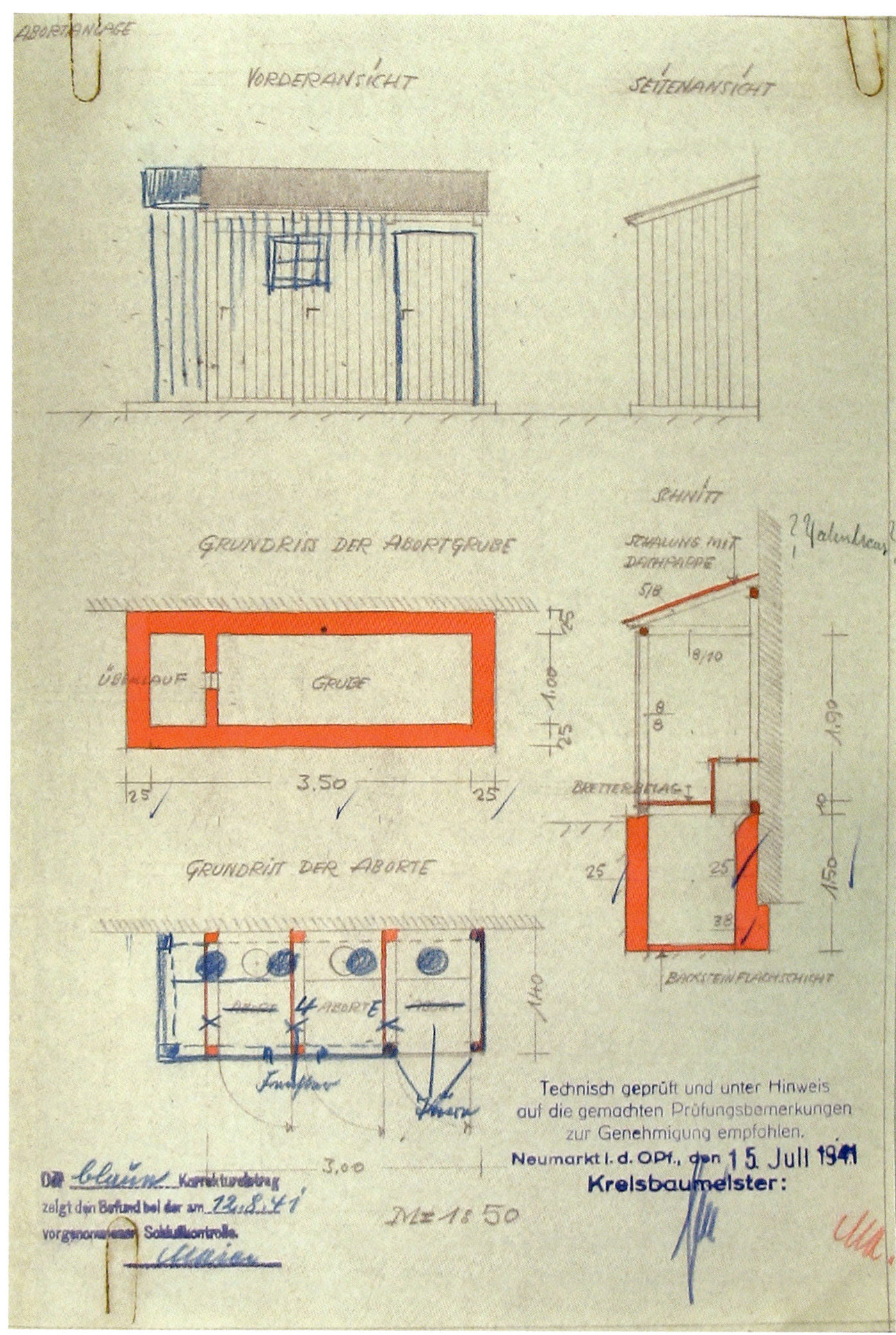

Kurz vor der Ankunft der Amerikaner gab der NSDAP-Landrat Greim noch den Befehl, alles belastende Schriftgut zu vernichten. So blieben oft nur historische Dokumente der scheinbar unverfänglichen Art erhalten: hier Pläne für den „Bau einer provisorischen Abortanlage f. d. Kriegsgefangenen“ für das „Industrie- und Gefangenenlager Neumarkt/OPf.“ im Hinterhof der Gastwirtschaft „Tucher“ an der Grünbaumwirtsgasse 13.

Chronik

[Bezugsseiten im vorliegenden Buch]

1938 11. Januar: Umwandlung der Dietrich-Eckart-Realschule in eine fünfklassige Oberrealschule.

1939 September: Einrichtung von Lazaretten im Krankenhaus, Kloster Sankt Josef und dem Mädchenschulhaus an der Bräugasse.

1939/40 6. Klasse für die Oberrealschule, Lateinunterricht ab der 3. Klasse.

1941 25. Februar: Einsetzung des Beigeordneten Anton Erhart als kommissarischer Bürgermeister (bis 31. Mai 1942).

12. März: Beerdigung des Ende Februar bei einem Flugzeugabsturz ums Leben gekommenen Neumarkter Bürgermeisters und Kreisleiters Johann Baptist Dotzer.

Mai/Juni: Genehmigung der Baupläne für einen Arbeitsunterkunftsraum für Polen der Firma Konrad Ehmann an der Gießereistraße (StAA Plansammlung 1941, Nr. 182) [S. 116].

Mai/Juni: Genehmigung der Baupläne für eine Abortanlage an der Grünbaumwirtsgasse für Kriegsgefangene des Ihag-Lagers (StAA Plansammlung 1941, Nr. 191) [S. 117].

11. September/27. November: Genehmigung der Pläne für einen Turmkamin und Kohlenbunker der Bayerischen Milchversorgung Nürnberg in Neumarkt in der Altdorfer Straße 14 (StAA Plansammlung 1941, Nr. 310).

1942 20./21. Januar: Genehmigung von Bauplänen für ein Gefangenenlager der Firma Limbacher & Bögl auf dem Blomenhof (StAA Plansammlung 1942, Nr. 10) [S. 110].

März: Beginn der Bauarbeiten für das „Durchgangslager für ausländische Arbeitskräfte" (spätere Siedlung Wolfstein) (StAA Plansammlung 1942, Nr. 25).

3. April: Deportation der letzten unter 65-jährigen noch in Neumarkt lebenden Jüdinnen und Juden nach Regensburg.

12. April: Tod des in Neumarkt geborenen Kunstmalers Albert Reich in München-Harlaching im Alter von 61 Jahren.

19. April: Verhaftung des Schreinermeisters Josef Dirnberger (* 27. August 1894 in Neumarkt) wegen Vergehens gegen das „Heimtückegesetz" im Juni 1941.

14. Mai: Hinrichtung des Höhenberger Hirten Richard Mendl wegen „Wehrkraftzersetzung" in Berlin – als Zeuge Jehovas verweigerte er den Wehrdienst.

28. Mai: Deportation der drei letzten über 65-jährigen Jüdinnen und Juden über Regensburg nach Theresienstadt.

30. Juni/11. August: Genehmigung von Bauplänen für Unterkünfte für ausländische Arbeiterinnen der Firma Eberhard Faber an der Fohlenhofstraße 10 (StAA Plansammlung 1942, Nr. 168).

1. Juli: Einsetzung des Beigeordneten Anton Peter als kommissarischer Bürgermeister (bis 1. Oktober 1944).

12. August/6. Januar 1943: Genehmigung von Bauplänen für ein Gefangenenlager für 100 Russen der Expresswerke A.G. an der Ingolstädter Straße (StAA Plansammlung 1942, Nr. 201).

September: Ankunft Pater Gebhard Heyders (* 30. November 1904 in Lorenzen) auf dem Mariahilfberg, Wohnung in einem Waldhäuschen, da das Karmelitenkloster für die KLV belegt ist.

5. Oktober/29. Dezember: Genehmigung von Plänen für den Bau eines Luftschutzbunkers auf dem Blomenhof (StAA Plansammlung 1942, Nr. 250).

14. Oktober/4. November: Genehmigung von Abort-Bauplänen für Kriegsgefangene auf dem Blomenhof (StAA Plansammlung 1942, Nr. 259).

13. November: Hinrichtung des Schreinermeisters Josef Dirnberger in München-Stadelheim.

1943 15. März: Verlegung der Schauburglichtspiele (Adolf-Hitler-Straße/Obere Marktstraße 40) ins Gesellenhaus Adlergasse (heute Adolf-Kolping-Straße) 4.

1944 20. Juli: Verhaftung Pater Gebhard Heyders wegen kritischer Äußerungen in Gottesdiensten am 13. und 16. Juli.

1. Oktober: Einsetzung von Karl Gortner als Bürgermeister (bis 23. April 1945).

20. Dezember: Verurteilung Pater Gebhard Heyders zum Tod wegen „Wehrkraftzersetzung" in Berlin.

1945 23. Februar: Luftangriff auf Neumarkt im Rahmen der zweitägigen groß angelegten Luftoffensive „Clarion"; Zerstörung von Bahnhof, Güterhallen, Flüchtlingszug, Postgebäude, Gaswerk, Expresswerken, Wohnhäusern an der Ingolstädter Straße und Hallstraße.

11. April: Luftangriff auf Neumarkt; Zerstörung von Wohnhäusern im Johannesviertel und an der Oberen und Unteren Marktstraße.

20. und 21. April: Artilleriebeschuss und Bombenangriffe mit Brandbomben, fast vollständige Zerstörung der Altstadt.

22. April: Übergabe der Stadt.

30. Mai: Rückkehr Pater Gebhard Heyders – er überlebte den Todesmarsch von Flossenbürg nach Dachau (ca. 850 von 4.200 Menschen haben überlebt) und wurde am 1. Mai in Unterheldenberg von amerikanischen Panzertruppen befreit.

Bildnachweis

Karl Fuchs (Sammlung/Fotografin Liesel Gaertig): S. 11, 12, 15, 20, 23, 25, 31u, 32o, 38, 40o, 40u, 41, 45o, 45u, 63, 65, 67o, 68o, 74o, 76o, 76u, 78o, 78u, 79, 85, 88o, 88u, 89, 90, 91, 91u, 92o, 93, 94, 96, 97o, 97u, 98, 99, 100o, 100u, 101, 102, 103o, 103u, 104, 105o, 105u, 106, 108o, 108u, 109, Einband hinten;

Liesel Gaertig: S. 2, 4, 5, 8, 9, 10, 13, 14, 16o, 16u, 17, 18o, 18u, 19, 21, 22, 24, 26, 27, 28, 29, 30, 31o, 32u, 34o, 34u, 35, 36, 37o, 37, 39o, 39u, 42o, 42u, 43, 44, 46, 47o, 47u, 48, 49, 50, 51, 52, 53o, 53u, 54, 55o, 55u, 56, 57o, 57u, 58, 59, 60, 61, 62, 64, 66, 67u, 68u, 69, 70, 72o, 72u, 73, 74u, 76, 80, 81, 82o, 82u, 83, 84, 86, 87o, 87u, 92u, 95, 107o, 107u, 110, 111, 112, 113o, 113u, 114o, 114u;

Stadtarchiv Neumarkt: Vorsatz, S. 33, 71o, 71u, 77, 115, 116o;

Sammlung Erna Grau: S. 116u;

Sammlung Zwangsarbeiter/Straschnaja: Nachsatz, S. 117.

Literatur

[Bezugsseiten im vorliegenden Buch]

Adressbuch Neumarkt 1927, S. 11 [S. 41].

Adressbuch Neumarkt 1938, S. 56 [S. 87], 59 [S. 14 und 16], 60 [S. 45, 58 und 78], 61 [S. 67 f., 70], 64 [S. 60, 63 und 106], 66 [S. 31], 67 [S. 35].

Adressbuch Neumarkt 1949, S. 25 [S. 8].

Bericht über das Schuljahr der Dietrich-Eckart-Realschule Neumarkt i. d. OPf. 1933/34, S. 9 [S. 84].

Renate Bierschneider: Durchgangslager für ausländische Arbeitskräfte in Neumarkt, Facharbeit am Ostendorfer-Gymnasium, Neumarkt 1999, S. 6 [S. 116].

Rainer Alexander Gimmel: Hofkirche, in: Schnell: Kunstführer, Nr. 1451, 2018, S. 6 [S. 22].

Andrea Harrer: Kriegs-Tagebuch beim „Gruschen" entdeckt, in: NN vom 31. März 2005 [S. 8].

Hans Georg Hirn: Jüdisches Leben in Neumarkt und Sulzbürg, in: Neumarkter Historische Beiträge, Band 12, Neumarkt 2011, S. 424, 426 f. [S. 111].

Friedrich Hermann Hofmann/Felix Mader: Die Kunstdenkmäler von Oberpfalz & Regensburg, Band XVII, Stadt und Bezirksamt Neumarkt, München 1909 (ND 1982), S. 29 [S. 13], 58 [S. 21].

Gebhard Heyder: Bekenntnisse eines Totgesagten, Regensburg 1984 [S. 118 f.].

Katrin Kasparek: Die Allerheiligenprozession 1937, in: Neumarkt i. d. OPf. im Nationalsozialismus 1933 – 1945, Neumarkt 2010, S. 76 bis 79 [S. 113 f.].

Sebastian Koch: Die Geschichte und die Entwicklung des Kinos in Neumarkt seit Beginn des 20. Jahrhunderts, Facharbeitsmanuskript 2001, S. 14, 19 f. [S. 16].

Rainer Krüninger: Die Zerstörung Neumarkts 1945. Erinnerungen und Dokumente, in: Neumarkter Historische Beiträge, Band 4), Neumarkt 2000, S. 19, 42 bis 52, 70 bis 83 und 115 bis 167 [S. 118 f.].

Hans Meier: 150 Jahre Sparkasse Neumarkt, o.O. o.J. (1987), S. 8 [S. 42].
Hans Meier: Das Untere Tor im Spiegel der Jahrhunderte, in: Festschrift anläßlich der Einweihung des Unteren Tores zu Neumarkt, Neumarkt 1990, S. 12 f. [S. 49 f.].
Hanns Obermüller: Chronik der Stadtwerke Neumarkt, Band II: Gasversorgung, Neumarkt 2006, S. 105 f., 107 [S. 72 und 75].
Hanns Obermüller: Chronik der Stromversorgung der Stadt Neumarkt, Neumarkt 2006, S. 10 [S. 46].
Frank Präger: Neumarkts sechster Mauerdurchbruch, in: Oberpfälzer Heimatspiegel, 2014, Pressath/Oberpfalz 2013, S. 182 f. [S. 47].
Karl Ried: Neumarkt in der Oberpfalz. Eine quellenmäßige Geschichte der Stadt Neumarkt, Neumarkt 1960, Seite 243 [S. 24], 246 [S. 22], 256 und 263 [S. 99], 264 [S. 90], 283 [S. 35], 421 [S. 92], 428 [S. 9], 447 [S. 53, 56 und 81], 472 [S. 11], 524 [S. 25], 577 [S. 33].
Kurt Romstöck: Chronik der Freiwilligen Feuerwehren der Stadt Neumarkt i. d. OPf., Neumarkt 1994, S. 28 [S. 32].
Kurt Romstöck: Neumarkt von 1945 bis 1995, Regensburg 1994, S. 39 [S. 37].
Kurt Romstöck: Die Neumarkter Residenz und ihre Regenten, Regensburg 1980, S. 105 bis 115 [S. 96].
Kurt Romstöck: Neumarkt i. d. OPf. – eine dynamische Stadt, Deining 1989, S. 10 [S. 36], 33 und 35 [S. 118/119], 63 [S. 41], 110 bis 114 [S. 30 und 37], 114 bis 157 [S. 29], 126 [S. 39], 138 [S. 33].
Kurt Romstöck: Entstehung des Roten Kreuzes. Der Rotkreuz-Kreisverband Neumarkt i. d. OPf., Daßwang 2002, S. 60 [S. 26].
Kurt Romstöck/Alfons Dürr: Die Stadt Neumarkt im 20. Jahrhundert mit ihrem historischen Umfeld, Neumarkt 2017, S. 244 f. [S. 110].
Michael Schrafl: „Rubinator“ soll der neue Star werden, in NT vom 29.11.2013 [S. 41].
Stadt Neumarkt (Hrsg.): 25 Jahre Altstadtsanierung, Neumarkt 2002, S. 55 f. [S. 61].
Stadt Neumarkt (Hrsg.): Holzheim. Streifzug durch die Geschichte eines Stadtteils, Neumarkt 2005, S. 22 f. und 109 [S. 107].
Markus Urban: Neumarkt i. d. OPf. im Nationalsozialismus 1933–1945, Neumarkt 2010, S. 9 [S. 117], 48 [S. 118], 92 f. [S. 50, 118], 118 [S. 111].
Petra Wurst: 1800 – 2000. 200 Jahre Familie Ehrnsperger. Neumarkter Lammsbräu seit sechs Generationen im Familienbesitz, Neumarkt 2000, S. 31 [S. 19].

Zeitungen

Bayerische Ostmark: 12. Juni und 30./31. August 1941 [S. 83], 9./10. August 1941 [S. 92].
Neumarkter Tagblatt: 30. September 1917 [S. 79], 15. Mai 1934 [S. 69], 7. Oktober 1960 [S. 51].
Steinpfalzbote: 6./7. Mai 1944 [S. 117], 13./14. Mai 1944 [S. 105].

Archivalien

Staatsarchiv Amberg, Plansammlung – Repertorium [S. 118 f.].
Standesamt Neumarkt, Heiratsregister Nr. 33/1938 [S. 8], Sterberegister Nr. 28/1949 [S. 8].
Hochbauamt, Plansammlung [S. 33, 71(2), 77 und 117].